運動ができる すきになる本

3

なわとび

長なわとび

眞榮里耕太／監修

はじめに

なわとびは、れんしゅうしたら、そのぶんじょうずになる運動です。

なわ1本あれば、いろいろなとび方で楽しむことができます。

できるようになりたいことはなんでしょう？

☑ 引っかからずに長くとびたい

☑ 二重とびができるようになりたい

☑ いろいろなわざでとべるようになりたい

どんなとび方も、前とびのなわのまわし方がきほんになります。

すばやくまわしたり、ゆっくりまわしたりして、

いろいろなとび方をためしてみましょう。

この本に書かれているポイントに気をつけて、

なわとびを楽しんでくださいね。

じゅんびと気をつけること

☑ つめをきる
☑ うわぎをずぼんに入れる
☑ ずぼんのひもをしまう
☑ ぼうしをかぶる
☑ かみが長い子はむすぶ
☑ 運動ぐつをはく
☑ じゅんび運動をする
☑ 水分をとる

つばが前にくるように
かぶる。
ごむひもをかける。　**ぼうし**

うわぎのすそをずぼんに
入れる。　**うわぎ**

マジックテープはしっか
り止める。ひもはしっか
りむすぶ。　**くつ**

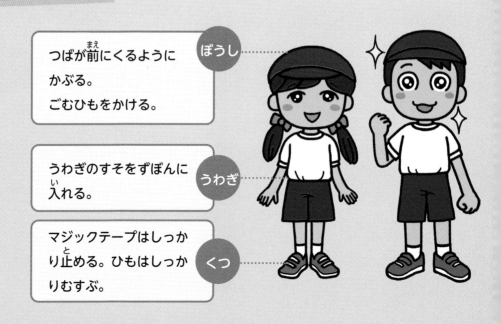

もくじ

1章:なわとび

☑ まわりの人になわがあたらないように広がる

☑ なわのもち手をしっかりもつ

☑ とんでいる人に近づかない

2章:長なわとび

☑ まわりの人になわがあたらないように広いところでおこなう

☑ とぶときは、前の人をおさない

☑ とぶ人とまわす人はじゅんばんにこうたいする

この本のつかい方

このシリーズは、運動ができるようになりたい人たちの
いろいろななやみにこたえて、かいけつする本です。
さまざまな運動や場面ごとにしょうかいしていますので、
どこから読んでもかまいません。
気になるところから読んでみてください。

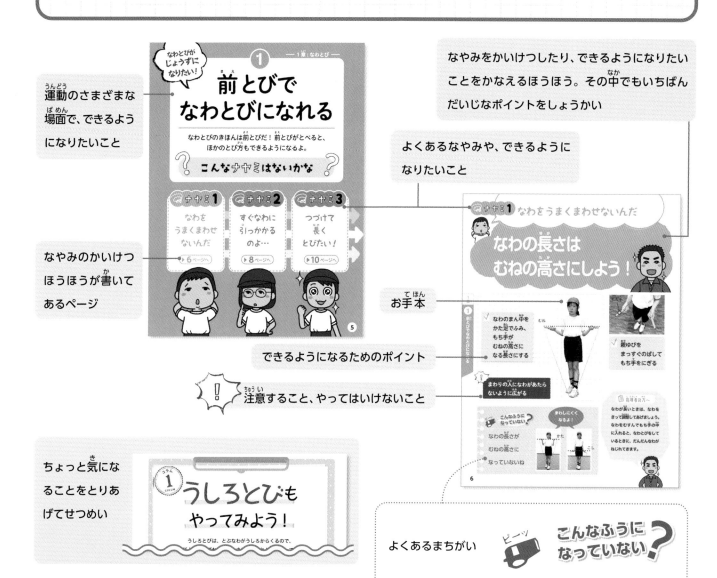

運動のさまざまな
場面で、できるよう
になりたいこと

なやみのかいけつ
ほうほうが書いて
あるページ

なやみをかいけつしたり、できるようになりたい
ことをかなえるほうほう。その中でもいちばん
だいじなポイントをしょうかい

よくあるなやみや、できるように
なりたいこと

お手本

できるようになるためのポイント

！ 注意すること、やってはいけないこと

ちょっと気にな
ることをとりあ
げてせつめい

れんしゅうほう
ほうや、ためし
てみたいことを
せつめい

よくあるまちがい

はじめのころや、にがて
な場合のやり方

気になること、聞いてみ
たいこと

なわとびが
じょうずに
なりたい！

① 前とびで なわとびになれる

なわとびのきほんは前とびだ！ 前とびがとべると、
ほかのとび方もできるようになるよ。

こんなナヤミはないかな

ナヤミ1

なわを
うまくまわせ
ないんだ

▶6ページへ

ナヤミ2

すぐなわに
引っかかる
のよ…

▶8ページへ

ナヤミ3

つづけて
長く
とびたい！

▶10ページへ

ナヤミ**1** なわをうまくまわせないんだ

なわの長さは むねの高さにしよう！

✓ なわのまん中を
かた足でふみ、
もち手が
むねの高さに
なる長さにする

むね

もち手

✓ 親ゆびを
まっすぐのばして
もち手をにぎる

！ まわりの人になわがあたらないように広がる

🗒 指導者の方へ

なわが長いときは、なわをきって調整してあげましょう。なわをむすんでもち手の中に入れると、なわとびをしているときに、だんだんなわがねじれてきます。

ピーッ こんなふうになっていない❓

まわしにくくなるよ！

なわの長さが

むねの高さに

なっていないね

かた

こし

ナヤミ1 なわをうまくまわせないんだ

わきをしめて体の近くでまわそう！

☑ あごを引いてせすじをのばす

☑ もち手をこしの高さにする

☑ わきをしめてなわをまわす

☑ もち手をよこにむける

········➤ よこ

1章 **1** 前とびでなわとびになれる

こんなふうになっていない？

ピーッ

わきがあいているよ

なわが地面にとどかない！

わきをあけてまわすと、なわが地面にとどかなくなってしまう。なわが地面にとどかないと、とんだときに足に引っかかりやすくなってしまうよ。

やってみよう！

わきをしめてなわをまわせるようになる

なわだけをまわそう

かた手で両方のもち手をもって、わきをしめてこしの高さで手首を上下に動かすようにしてまわす。右手と左手でそれぞれやってみよう。

7

ナヤミ**2** すぐなわに引っかかるのよ…

足をとじ、ひざをかるくまげよう！

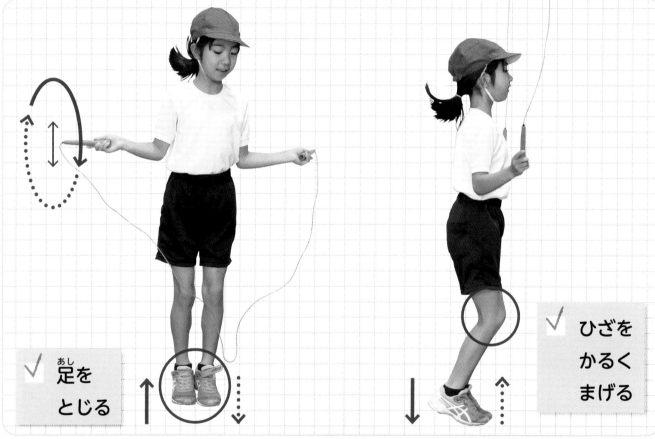

✓ 足を
とじる

✓ ひざを
かるく
まげる

 こんなふうに
なっていない？

足がひらいているね

足がひらくと、なわの通り道に
足がはみ出して引っかかるよ。

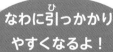 なわに引っかかり
やすくなるよ！

 リズムがみだれて
引っかかっちゃう！

ひざをまげすぎだよ

ひざをまげすぎると、リズムが
みだれてしせいがわるくなる。

1回まわし2回とびで前とびになれよう

なわに引っかかりやすい子は、1回まわし2回とびで、ジャンプとなわまわしのタイミングをおぼえよう。

1回まわし2回とびをしよう

なわを大きくゆっくりまわして、なわを1回まわしている間に2回ジャンプする。トントン、トントンと声を出しながらとぶととびやすいよ。大きくとびすぎるとリズムがみだれるので気をつけよう。ジャンプとなわまわしのタイミングがあうようになったら、できるだけなわをはやくまわして、ジャンプを小さくしていこう。

なわが頭の上にくるときに小さく1回ジャンプする。

なわが足もとにきたら、2回目のジャンプで、なわをしっかりとびこえる。

ナヤミ **3** つづけて長く<ruby>とび<rt>なが</rt></ruby>たい！

<ruby>同<rt>おな</rt></ruby>じリズムで とぼう！

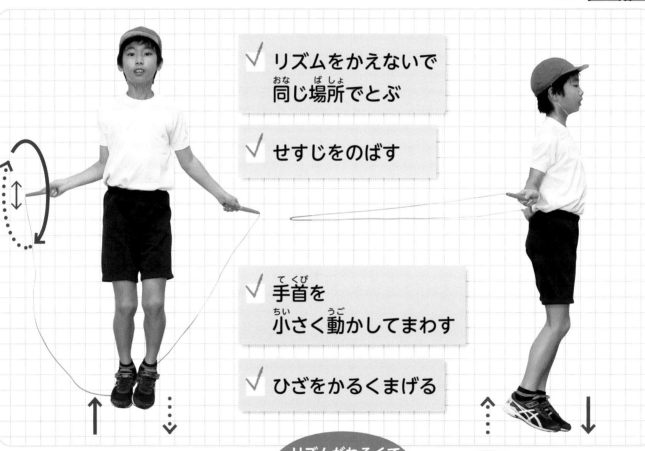

✓ リズムをかえないで <ruby>同<rt>おな</rt></ruby>じ<ruby>場所<rt>ばしょ</rt></ruby>でとぶ

✓ せすじをのばす

✓ <ruby>手首<rt>てくび</rt></ruby>を <ruby>小<rt>ちい</rt></ruby>さく<ruby>動<rt>うご</rt></ruby>かしてまわす

✓ ひざをかるくまげる

こんなふうに なっていない❓

リズムがわるくて <ruby>引<rt>ひ</rt></ruby>っかかる！

バランスが くずれる！

<ruby>手<rt>て</rt></ruby>の<ruby>動<rt>うご</rt></ruby>きが<ruby>大<rt>おお</rt></ruby>きいね

<ruby>手<rt>て</rt></ruby>を<ruby>大<rt>おお</rt></ruby>きく<ruby>動<rt>うご</rt></ruby>かすとリズムがわ るくなって<ruby>引<rt>ひ</rt></ruby>っかかるよ。

<ruby>体<rt>からだ</rt></ruby>をまげすぎだよ

<ruby>体<rt>からだ</rt></ruby>をまげすぎて、あごが<ruby>上<rt>あ</rt></ruby>がると バランスをくずしてしまう。

やってみよう！

30 びょうで何回とべるか数えてみよう

30 びょうで何回とべるかやってみよう。回数は友だちに数えてもらおう。
あせらずに、同じしせいで同じ場所、同じリズムでとぶとたくさんとべるよ。

30 びょうで前とびを何回とべるかにチャレンジしよう！

2人組になって1人30びょうずつ、できるだけ多くとんでみよう。引っかかっても30
びょうの間ならつづけてとんでもいいよ。30びょうたったらとぶ人と数える人をこう
たいしよう。あせってリズムがかわったり、しせいがわるくなったりしないようにがん
ばろう。とべた回数をカレンダーやノートにきろくしておけば、つぎにチャレンジする
ときのもくひょうになるね。

> 30 びょう間でとぶ回数は
> 60 ～ 80 回くらいをめざそう！

数える人はとぶ人の
リズムとしせいを
チェックしてね。

10・11・12・・・

11

うしろとびも
やってみよう！

うしろとびは、とぶなわがうしろからくるので、
前とびよりもむずかしいね。まわし方をれんしゅうしてから、
リズムとしせいに気をつけてやってみよう。

\れんしゅう/
1

かた手でなわをまわす

かた手で両方のもち手を
もって、なわをうしろに
まわす。右手と左手でそ
れぞれまわそう。

うしろとびを
やってみよう

せすじをのばして、わき
をしめよう。同じリズム、
同じ場所でとぶんだ。
むずかしいときは、トント
ンと声を出しながら、1回
まわし2回とびでとんで
みよう。

\れんしゅう/
2

両手でなわをまわす

れんしゅう1のなわまわ
しを右手と左手で同時に
うしろへまわす。前とび
と同じリズムでまわそう。

② あやとびを
リズミカルにとぶ

なわとびが
じょうずに
なりたい！

あやとびは、こうさと前とびのくりかえしだよ。
なわのまわし方をおぼえて、リズミカルにとぼう！

？ こんなナヤミはないかな ？

ナヤミ1	ナヤミ2	ナヤミ3
こうさのときに うまくまわせ ないの…	なわに 引っかかっ ちゃうんだよ…	こうさとびも やって みたいな！
▶14ページへ	▶16ページへ	▶18ページへ

おなかの前でうでをかさねるんだ！

☑ おなかの前でうでをこうさする

☑ うでがおなかにくっつくようにこうさする

☑ もち手の
はしのほうを
もってまわす

もち手のはしをもつと、
手首の動きが小さくても、
なわのつけねは
大きく回転
するよ。

 おなかの前

こうさがせまくて
引っかかるよ！

足に引っかかり
やすくなる！

ピーッ こんなふうに
なっていない？

うでとうでが

かさなっていないね

こうさするところが

高すぎるよ

あやとびのなわの まわし方_{かた}をおぼえよう！

とばないで 8 の字_じをかくようになわだけまわしてみよう。ひじが体_{からだ}の前_{まえ}とよこを いったりきたりするように大_{おお}きくまわすんだ。

① かた手_てで 8 の字_じをかく ようにまわそう

かた手_てで両方_{りょうほう}のもち手_てをもって、体_{からだ}の 前_{まえ}で 8 の字_じをかくようになわをまわそ う。なわが体_{からだ}にあたらないように気_きを つけて、右手_{みぎて}と左手_{ひだりて}でそれぞれやって みよう。

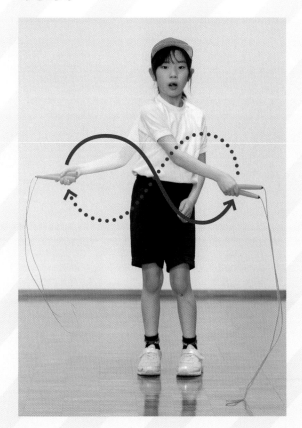

② 両手_{りょうて}に 1 本_{ぼん}ずつ もってまわそう

右手_{みぎて}と左手_{ひだりて}に 1 本_{ぼん}ずつなわをもって、 同時_{どうじ}に 8 の字_じをかくようにまわそう。 友_{とも}だちに見_みてもらって、右_{みぎ}と左_{ひだり}の 2 本_{ほん} のなわが同_{おな}じ動_{うご}きをしているかを教_{おし}え てもらうといいよ。

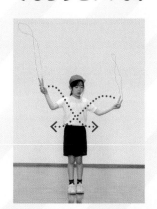

ナヤミ2 なわに引っかかっちゃうんだよ…

手首をこしの高さでまわそう！

1章
② あやとびをリズミカルにとぶ

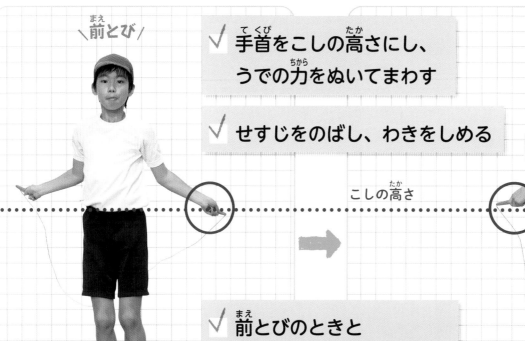

前とび

✓ 手首をこしの高さにし、うでの力をぬいてまわす

✓ せすじをのばし、わきをしめる

こしの高さ

✓ 前とびのときと
こうさしたときの手首は、
同じ高さにする

こうさ

引っかかって
しまうよ！

こんなふうに
なっていない？

前とびのときの手首が

高くなっているね

こうさしたあとの前とびでは、手首が高くなることがある。なわのまわるいちも高くなって引っかかりやすくなる。

16

前とびの間にこうさして とんでみよう

あやとびがむずかしいときは、前とびを何回かしてリズムをととのえながら、その間にとべそうなタイミングで1回だけこうさしてとぼう。

前とびでリズムをととのえてから、1回こうさしてとぼう

あやとびは、前とびをする→こうさしてとぶ→前とびをするのくりかえしなんだ。はじめは、とべそうなときにこうさしてとんで、また前とびにもどるといいよ。だんだんこうさしてとぶ回数をふやしていこう。

リズムとしせいがととのうまで前とびをする。

とべそうと思ったら、なわが上にきたときに手をこうさする。

こうさしてとぶ。

こうさをしたまままわし、なわが上にきたらうでを開くいて、前とびにもどる。

1章 ❷ あやとびをリズミカルにとぶ

17

せすじをのばして うでの力をぬこう！

 せすじをのばす

 うでの力をぬいて
手首でまわす

✓ うでを
こうささせたまま、
同じリズム、
同じところでとぶ

こんなふうに なっていない？

せすじが

まがっているね

リズムが かわるよ！

せすじがまがると、
同じリズムでなわを
まわせなくなる。

指導者の方へ

こうさしてとぶときには、
なわが前とびのときよりも
長いほうがとびやすい。
なわの長さをチェック
してあげましょう。

やってみよう！

あやとびのときにこうさしたまま2回_{かい}とんでみよう

こうさとびは、こうさしたままとぶとび方_{かた}。あやとびができるようになったら、こうさしたまま2回_{かい}とんでみよう。だんだん、こうさしたままとぶ数_{かず}をふやしていこう。

\れんしゅう/

なわだけをまわしてみよう

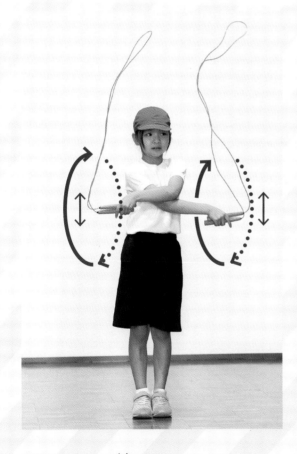

なわのまわし方_{かた}をれんしゅうしよう。右手_{みぎて}と左手_{ひだりて}に1本_{ぽん}ずつなわをもって、うでをこうささせてなわをまわそう。

こうさしたまま2回_{かい}とぼう

あやとびをするときと同_{おな}じようにとぶ。うでをこうさしたまま2回_{かい}つづけてとぼう。

うしろあやとびにチャレンジ！

うしろまわしであやとびをするのが、うしろあやとびだよ。
うしろからくるなわはとぶときに見えないからむずかしいけれど、
前まわしのあやとびと同じリズムでとべば、できるようになるよ。

\ れんしゅう /

なわだけをまわす

8の字を書くようになわをうしろにまわす。まずは、かた手で両方のもち手をもってまわす。右手と左手でそれぞれまわそう。つぎに、両手で同時になわをまわす。

うしろにまわすときは、手首の動かし方がかわる。

まずは、うしろとびのまわし方（12ページ）でなわをまわしてから、8の字にまわすといいよ。

うしろあやとびをやってみよう

何回かうしろとびをしてリズムをととのえたら、こうさしてとぼう。こうさと、うしろとびを1回ずつくりかえす。むずかしいときは、1回こうさしてとんだあと、また何回かうしろとびをしてこうさしよう。こうさするときはおなかの前でうでをかさねるよ。

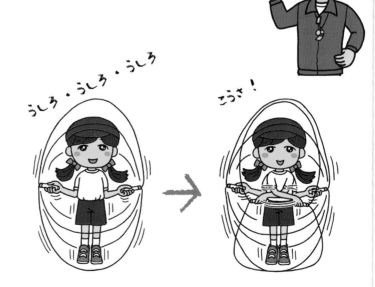

うしろ・うしろ・うしろ

こうさ！

なわとびが
じょうずに
なりたい！

③

二重とびが できるようになる

二重とびは、1回とぶ間になわを2回まわすとび方だ。
がんばって、かるがるとべるようになろう！

こんなナヤミはないかな

ナヤミ1

なわを
はやくまわせ
ないの…

▶22ページへ

ナヤミ2

なわに
引っかかる
んだ…

▶23ページへ

ナヤミ3

つづけて
かるがる
とびたい！

▶24ページへ

2回転目のなわを強くまわそう！

1章 ③ 二重とびができるようになる

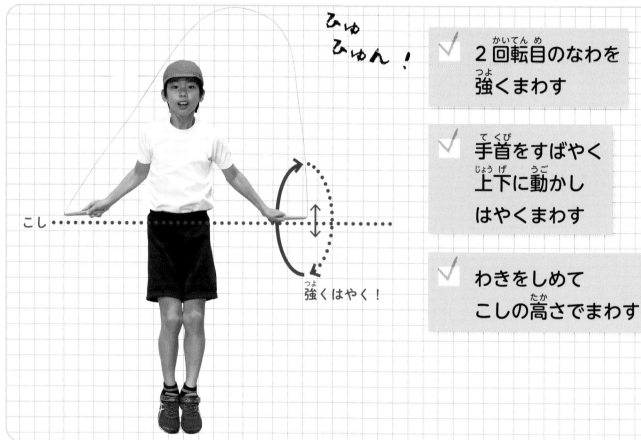

ひゅ ひゅん！

こし ‥‥‥‥‥‥‥‥‥‥‥‥‥‥‥‥‥‥‥‥‥‥‥‥‥‥‥‥

強くはやく！

✓ 2回転目のなわを 強くまわす

✓ 手首をすばやく 上下に動かし はやくまわす

✓ わきをしめて こしの高さでまわす

やってみよう！

なわだけを まわそう

かた手で両方のもち手をもって、2回ずつまわす。
2回転目を強くまわすようにしよう。
右手と左手でそれぞれまわせるようになったら、
まわすのにあわせてジャンプしてみよう。

ナヤミ2 なわに引っかかるんだ…

大きく高くジャンプして 1回だけとんでみよう！

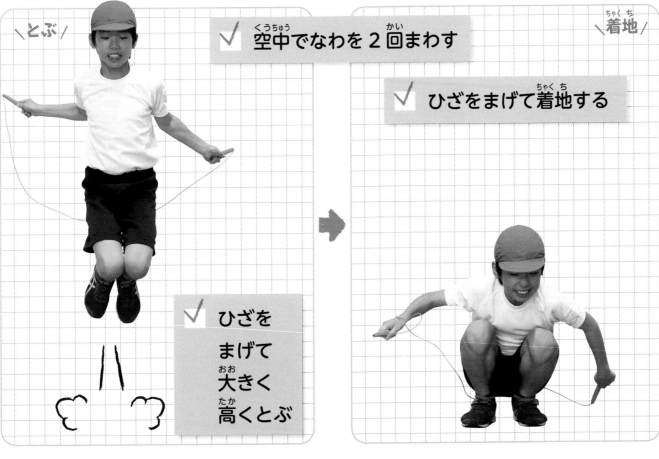

\とぶ/

✓ 空中でなわを2回まわす

\着地/

✓ ひざをまげて着地する

✓ ひざを まげて 大きく 高くとぶ

できないときは これもOK！

少し高いところから

とんでみよう

大きく高くとんでもできないときは、とびばこやかいだんなどをつかって少し高いところからとんでみよう。とんだあとにしゃがんでしまってもOKだよ。ころんでけがをしないように、気をつけて着地しよう。

ナヤミ3 つづけてかるがるとびたい！

あごを引いて せすじをのばそう！

とぶ

着地

✓ あごを引いて、せすじをのばす

✓ 手首を小さく 動かしてまわす

➡

✓ ひざをかるく まげてとぶ

✓ つま先で 着地してすぐとぶ

✓ 同じリズム、同じ場所でとぶ

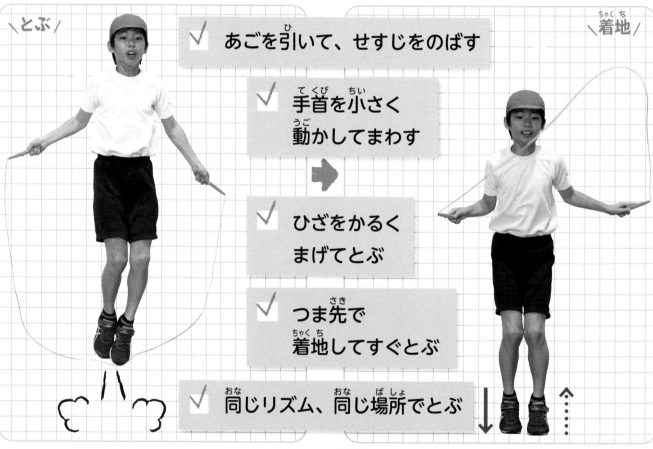

 こんなふうに なっていない？

まっすぐ高く とべないよ！

つぎのジャンプが とびづらい！

あごが上がっているね

あごが上がるとせなかがそって、まっすぐ高くとべなくなってしまう。

ひざをまげすぎだよ

ひざをまげすぎると、つぎのジャンプができなくなる。

長なわとびを楽しくとぶ

長なわとびには、いろいろなとび方があるよ。
みんなで力をあわせて楽しくとぼう！

こんなナヤミはないかな

長なわを
みんなで
とびたい！

ナヤミ1

なわに
入るのが
こわいよ…

▶26ページへ

ナヤミ2

なわに
引っかかって
しまうの…

▶27ページへ

ナヤミ3

みんなで
つづけてとび
たいんだ！

▶28ページへ

まわす人(ひと)の近(ちか)くから ななめに入(はい)ろう！

ステップ **1**

かまえてまつ

☑ なわをよく見(み)る

ステップ **2**

スタートする

☑ まわす人(ひと)の近(ちか)くから
ななめに入(はい)るようにかまえる

☑ なわが目(め)の前(まえ)を通(とお)ったら
スタートする

こわくて中(なか)に
入(はい)れないね

入(はい)るタイミングが
あわせにくいよ！

ピーッ こんなふうに
なっていない？

スタートが

なわに近(ちか)すぎるよ

なわの遠(とお)くから

スタートしている

26

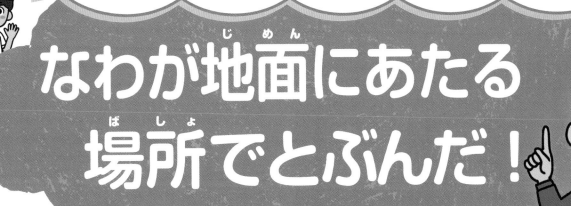

ナヤミ**2** なわに引っかかってしまうの…

なわが地面にあたる場所でとぶんだ！

ステップ1

なわに入りとぶ

✓ なわが地面にあたる場所までいっきに走り、真上にとぶ

ステップ2

なわから出る

✓ とんだら、ななめに走りぬける

こんなふうになっていない❓

なわが地面にあたる

場所までいっていない

なわのはしのほうは引っかかりやすい

なわをまわす人の近くで

とんでいるよ

27

声をあわせて同じ場所でとぼう！

2章 長なわとびを楽しくとぶ

✓ まわす人を見て大きな声を出す

✓ なわをよく見て同じ場所でとぶ

✓ はしに近い人は高くとぶ

こんなふうになっていない？

列がそろっていないよ

とぶタイミングがバラバラになる！

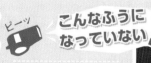

みんなの列がそろっていないと、とぶタイミングもバラバラになる。同じ場所、同じタイミングでとぼう。

📋 指導者の方へ

できるだけ大きくゆっくりなわをまわしてあげましょう。地面をはわせるようにまわすと、とびやすくなります。

長なわとびの いろいろなとび方

やさしいとび方からむずかしいとび方まで、
いろいろなとび方でとんでみよう。
とぶ人とまわす人は、じゅんばんにこうたいしよう。

\ ゆうびんやさん / うたにあわせて長なわになれよう

♪ゆうびんやさん　おとしもの
ひろってあげましょ

1まい、2まい
……10まい

ありがとう♪

左右にゆらした
なわをとびこえる

とんでしゃがんで、
10回ひろうまねをする

止めたなわを
足ではさんでおわる

\ 8の字とび / つづけて何人がとべるかな？

8の字をかくように、つぎつぎとなわに入って、とんで、出る。
うまくなったら、前の人と間をあけないでとんでみよう！

かけ声をかけ
ながらとぶと
いいよ

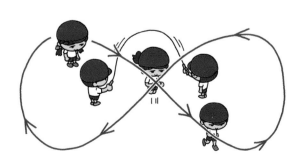

29

チェックリスト

コピーして
つかってね

なわとび、長なわとびがじょうずになるための
ポイントをまとめたよ。できたものにチェックしよう!

**チェック
ポイント!** なわとび

前とびをする

- □ なわの長さはむねの高さにする
- □ わきをしめて体の近くでまわす
- □ 足をとじ、ひざをかるくまげる
- □ せすじをのばして、
  同じリズムでとぶ
- □ **前とびができた!**

あやとびをする

- □ おなかの前でうでをかさねる
- □ 手首をこしの高さでまわす
- □ せすじをのばして、
  わきをしめる
- □ **あやとびができた!**

こうさとびをする

- □ せすじをのばして、
  うでの力をぬく
- □ **こうさとびができた!**

二重とびをする

- □ 2回転目のなわを強くまわす
- □ あごを引いてせすじをのばす
- □ ひざをかるくまげてとぶ
- □ **二重とびができた!**

チェック
ポイント！ 長なわとび

→ 長なわとびを
楽しくとぶ

☐ まわす人の近くから
ななめに入る

☐ なわが地面にあたる場所で
とぶ

☐ 声をあわせて同じ場所で
とぶ

☐ 長なわとびが
楽しくとべた！

さくいん

監修　　　　　　　筑波大学附属小学校　教諭　眞榮里耕太

1980年生まれ。筑波大学附属小学校教諭、筑波学校体育研究会理事、初等教育研究会会員。著書、監修に『小学校体育 写真でわかる運動と指導のポイント』（大修館書店）、『小学生の動きつくり・体つくりの教科書』（ベースボールマガジン社）、『子どもの運動能力をグングン伸ばす！ 1時間に2教材を扱う「組み合わせ単元」でつくる筑波の体育授業』『できる子が圧倒的に増える！「お手伝い・補助」で一緒に伸びる筑波の体育授業』（ともに明治図書出版）がある。

企画・制作　　　　やじろべー

編集協力・DTP　　サティスフィールド

デザイン　　　　　ヨダトモコ

イラスト　　　　　河原ちょっと

撮影　　　　　　　小林 靖

運動ができる・すきになる本

❸ なわとび／長なわとび

2020年7月20日初版第1刷印刷　　2020年7月30日初版第1刷発行

監修　眞榮里耕太
編集　株式会社　国土社編集部
発行　株式会社　国土社
　　　〒101-0062　東京都千代田区神田駿河台2-5
　　　TEL 03-6272-6125　　FAX 03-6272-6126　　https://www.kokudosha.co.jp
印刷　株式会社　厚徳社
製本　株式会社　難波製本

NDC780　32P　29cm　ISBN978-4-337-17603-4　C8375